SIMPLE RÉFLEXION

Jamais le père du mensonge ne brassa de déception plus menteuse, plus trompeuse et plus embarrassante que celle par laquelle nous abusons des clairs instincts de la vérité dans nos DETESTABLES SYSTÈMES D'APPELLATION.

Prenez, par exemple, la syllabe FAC.

Quel front ne faut-il pas pour dire à un enfant : *f..a..c..* (effe. a.cé) font *fac*, c'est-à-dire que trois vocables formant un ensemble tout autre, — autre dans chaque détail et autre dans le tout, — équivalent à un pauvre petit monosyllabe que l'enfant apprendrait à connaître, rien qu'en le regardant, *si vous disiez la vérité pure*.

Comment trois sons qui sonnent à l'oreille : effe.a.cé, peuvent-ils composer le mot *fac*?

Ne composent-ils pas plutôt le mot *effacé*?

Comment peut-il subsister, ce système fondé sur une FAUSSETE SI MONSTRUEUSE ? (1)

« Faut-il s'étonner ensuite que l'A B C soit le désespoir des mères? »

SIR E. BULWER-LYTTON.

Traduit de l'Anglais, par J.-J. PRUDHOMME.
Professeur de Langues vivantes.

---

(1) Par l'ignorance et l'inertie de certains instituteurs dont le nombre diminue heureusement chaque jour. Le prétexte principal qu'ils mettent en avant pour conserver l'ancienne appellation, c'est que les élèves préparés par ce procédé savent mieux l'orthographe. Or, c'est une erreur manifeste. Sans doute, l'ancienne appellation est très-commode pour faire connaître la forme littérale des mots, mais voilà tout. Ce n'est pas en épelant des mots que les enfants en apprennent l'orthographe, mais en les écrivant. Au surplus, cette connaissance exige une étude toute spéciale et beaucoup de pratique. C'est ce qui explique pourquoi tant de personnes orthographient si mal, quoiqu'elles aient appris à lire par l'ancienne appellation.

Telle est l'extrême simplicité de cette méthode, qu'il suffit que les élèves connaissent les cinq premières leçons pour qu'ils apprennent à lire à peu près en **quinze jours**, moyennant deux leçons d'une heure ou demi-heure par jour. En effet, quand ils connaissent ces leçons préparatoires, ils peuvent déchiffrer les autres avec une extrême facilité, puisqu'ils n'ont qu'à nommer les signes dans l'ordre où ils se trouvent.

MARCHE A SUIVRE. — Avant tout, il faut se rendre parfaitement compte de la méthode par la lecture attentive de l'**Exposé du nouveau procédé**.

On s'exercera ensuite à nommer les consonnes comme je l'indique, *à peu près à voix basse* : *eupp.. eurr.. eutt.*, etc.

Quand les enfants connaîtront parfaitement les cinq premières leçons préparatoires, ils apprendront les autres avec une rapidité surprenante, si l'on tient compte des recommandations suivantes :

1º Nommer les consonnes comme je l'ai dit, c'est-à-dire en leur donnant pour appui un **e** *muet initial prononcé à voix basse*.

2º Ne jamais passer un exercice sans qu'il soit parfaitement su.

3º Remettre à chaque élève un exemplaire de cet Abécédaire, afin qu'il puisse répéter sa leçon du jour à voix basse, et repasser celles qu'il a déjà apprises.

Observation essentielle. — Quand on instruit de très-jeunes enfants, on se contente de leur enseigner le premier exercice seulement de chaque leçon (à partir de la sixième). Dès qu'ils ont étudié la méthode jusqu'à la quinzième leçon inclusivement, on revient à la première leçon et l'on enseigne l'Abécédaire intégralement.

Les élèves qui connaissent parfaitement les voyelles et les consonnes et qui nomment ces dernières comme je l'indique savent lire, à proprement parler ; mais autre chose est de savoir et de pratiquer. Si donc les élèves ne lisent pas tout de suite couramment quand ils connaissent les cinq premières leçons, c'est uniquement manque d'habitude ; car ils connaissent réellement la quintessence de la lecture.

N. B. Quand on a recours à des moniteurs, il faut veiller soigneusement pour qu'ils enseignent le nom des consonnes comme je le recommande.

ABÉCÉDAIRE ABRÉVIATIF

OU

NOUVELLE STATILÉGIE DES ÉCOLES PRIMAIRES

SEULE MÉTHODE

Au moyen de laquelle il soit certainement possible d'apprendre à lire en quelques jours seulement aux Enfants et aux Adultes

PAR UN PROFESSEUR DE L'UNIVERSITÉ

LAURÉAT DE L'EXPOSITION UNIVERSELLE DE 1867

L'Abécédaire abréviatif sera un puissant instrument de progrès : votre méthode est incontestablement la plus simple, la plus facile et la plus rationnelle.

E. BERNARD, anc. directeur d'école normale.

L'appellation percutive constitue une admirable innovation Tout instituteur qui ne la connaît pas, ignore, c'est bien le cas de le dire, l'A B C de sa profession.

UN FONCTIONNAIRE SUPÉRIEUR DE L'UNIVERSITÉ.

N. B. — Pour que les progrès ne laissent rien à désirer, il faut avoir soin de remettre à tous les élèves un exemplaire de ce Manuel. De cette façon, ils pourront étudier leurs leçons A VOIX BASSE, **chose indispensable**, et repasser celles qu'ils auront déjà apprises sur les tableaux. C'est, du reste, un moyen certain de faire connaître la nouvelle méthode aux parents.

PARIS

Chez les principaux Libraires

SAINT-SERVAN

Chez J.-J. PRUDHOMME, Editeur

OBSERVATION IMPORTANTE

Pour l'enseignement dans les écoles, cette Méthode est reproduite en vingt tableaux imprimés en gros caractères.

PRIX :   fr.   c.

DU MÊME AUTEUR :

EXPOSÉ D'UN NOUVEAU PROCÉDÉ

Pour apprendre à lire en quelques jours à un enfant, à un adulte

PRIX : **25** CENTIMES.

N. B. — Les personnes qui voudront utiliser cette méthode *ne peuvent se dispenser* de prendre connaissance de cet opuscule, pour se rendre parfaitement compte de l'*Appellation perculive*.

L'Auteur et les Éditeurs de cette Méthode de lecture se réservent le droit de la traduire ou de la faire traduire en toutes langues, avec les modifications nécessaires. L'appellation conjonctive et la disposition adoptée pour les exercices, en sont les caractères distinctifs. Sera considéré comme contrefacteur, quiconque les prendrait pour base d'un travail analogue.

Les dépôts exigés par la loi et les traités ont été effectués.

Tous les Exemplaires sont revêtus de la griffe ci-dessous :

PREMIÈRE LEÇON PRÉPARATOIRE.

Dès que les élèves connaîtront parfaitement les CINQ PAGES ci-après seulement, ils apprendront à lire en QUINZE JOURS, *pourvu qu'on leur enseigne à nommer les consonnes comme je l'indique.* — J'invite donc instamment les maîtres et maîtresses à se conformer exactement à mes recommandations. Ce n'est qu'à cette condition qu'ils obtiendront des résultats rapides.

(Voir l'exposé du nouveau procédé.)

PREMIER EXERCICE.

a i a i i a i a a i i a

o u o u u o o u u o o u

DEUXIÈME EXERCICE.

e é e é é e e é e é é e

é è é è è é e è é e è e

é y e y y é é y e è y é

MAJUSCULES.

A I O U E É È Y

Marche à suivre. — 1° Montrez les lettres : 1° en les nommant ; 2° sans les nommer (l'élève les nomme). 2° Faites écrire ces voyelles tant bien que mal sur le tableau noir ou sur une ardoise dans l'ordre et la forme ci-dessus. On écrira d'abord les minuscules, ensuite les majuscules.

N. B. — On ne nomme pas les accents, mais on les fait remarquer. La lettre Y se nomme I tout court et non pas Y grec.

DEUXIÈME LEÇON PRÉPARATOIRE.

N. B. — On nommera les consonnes ci-dessous de la manière suivante, c'est-à-dire comme si elles étaient précédées d'un e muet *très-doux prononcé* **à voix basse:** *eupp.., eull.., eunn.., eutt.., eujj.., eucc..* (dur), *euff.., eurr.., euss.., eudd...* Cette façon de nommer les consonnes facilite extrêmement les progrès, attendu qu'elle produit la *percussion* de la voyelle par la consonne. Exemple : *eupp..a, eupp..i, eupp..o, eutt..a.., eutt..i.., eutt..o..*, etc.

PREMIER EXERCICE.

p	l	p	l	l	p	p	l	l	p
l	n	l	n	n	l	l	n	n	l
n	t	n	t	t	n	n	t	t	n
t	j	t	j	j	t	t	j	j	t
j	c	j	c	c	j	j	c	c	j

DEUXIÈME EXERCICE.

c	f	c	f	f	c	c	f	f	c
f	r	f	r	r	f	f	r	r	f
r	s	r	s	s	r	r	s	s	r
s	d	s	d	d	s	s	d	d	s
d	p	d	p	p	d	d	p	p	d

Observation essentielle.

Il est indispensable que les élèves connaissent imperturbablement cette leçon et qu'ils nomment les consonnes comme je l'indique. Ce n'est qu'à cette condition qu'on pourra leur apprendre à lire en quelques jours seulement.

Marché à suivre. — Voir la première leçon.

TROISIÈME LEÇON PRÉPARATOIRE.

N. B. — On lira les consonnes ci-dessous de la manière suivante : *eugg*.. (dur), *eumm*.., *euvv*.., *euqq*.., *euks*..,*eubb*.., *euzz*.., *eukk*.., *euçç*.., *ache*. Dans les mots, cette dernière lettre ne se lit pas.

PREMIER EXERCICE.

g	m	g	m	m	g	g	m	m	g
m	v	m	v	v	m	m	v	v	m
v	q	v	q	q	v	v	q	q	v
q	x	q	x	x	q	q	x	x	q
x	b	x	b	b	x	x	b	b	x

DEUXIÈME EXERCICE.

b	z	b	z	z	b	b	z	z	b
z	k	z	k	k	z	z	k	k	z
k	ç	k	ç	ç	k	k	ç	ç	k
ç	g	ç	g	g	ç	ç	g	g	ç
g	h	g	h	h	g	g	h	h	g

N. B. — Il est indispensable que les élèves connaissent imperturbablement cet exercice, et surtout qu'ils nomment les consonnes comme je l'indique.

Marche à suivre. — Voir la première leçon.

QUATRIÈME LEÇON PRÉPARATOIRE.

Voyelles polygrammes.

an	ai	ou	in	on	oi	en	in	ou
ei	eu	oi	an	on	eu	yn	oi	ai
eu	ai	on	ou	en	oi	in	ai	eu
ou	ei	ai	eu	au	eu	en	an	oi
eu	au	oi	en	on	au	eu	en	in
oi	yn	ou	eu	en	oi	en	eu	on
am	in	un	ou	em	im	un	ou	um
eau	ain	oi	om	œu	ein	oi	ou	ym
oi	am	um	eu	un	ai	en	in	em
ai	en	ou	au	ei	yn	eu	en	au

N. B. — Insistez beaucoup sur cet exercice, attendu que l'étude des sons composés est une des plus grandes difficultés que les commençants aient à surmonter. On fera lire d'abord horizontalement, ensuite verticalement.

CINQUIÈME LEÇON PRÉPARATOIRE.

N. B. — On nommera les consonnes ci-dessous comme suit : *euch..*, *euph..*, *eugn..*, *cuill..*, *eugg..* (dur), *eukk..*

PREMIER EXERCICE.

ch	ph	ch	ph	ph	ch	ph	ch	ch	ph
ph	gn	ph	gn	gn	ph	gn	ph	ph	gn
gn	ill	gn	ill	ill	gn	ill	gn	gn	ill
ill	gu	ill	gu	gu	ill	gu	ill	ill	gu
gu	qu	gu	qu	qu	gu	qu	gu	gu	qu
qu	ph	qu	ph	ph	qu	ph	qu	qu	ph

DEUXIÈME EXERCICE. — MAJUSCULES.

B D R C F H K G J Q
M N S T V X Z L P Ç

———

A B C D E F G H I J
K L M N O P Q R S T
U V X Y Z

Remarque. Les majuscules se lisent comme les minuscules.

N. B. — Avant d'aller plus loin, il est indispensable que les élèves connaissent imperturbablement tout ce qui précède.

PREMIER EXERCICE.

Analyse ou Lecture lettre à lettre

an on au ou in oi eu ai en un yn
am om um im eau ain em ym

Jérôme dira la vérité.
René a fumé sa pipe.
Léon a bu du café. Sara
dira sa leçon à sa mère.
Nini boira de la limonade.
Anatole a vidé le carafon.
Ovide a été à la gare.
La fête de ma mère tombe
samedi. Le canari chante
de bon matin. Bébé a lu.

Marche à suivre. — Le maître, puis l'élève, lisent les mots rapidement, lettre à lettre, en nommant les consonnes comme je l'ai indiqué plus haut. Ex. : eujj.. é.. eurr.. o.. eumm.. e.. eudd.. i.. eurr.. a.. eull.. a.. euvv.. é.. eurr.. i.. eutt.. é..

N. B. — Quand l'élève est parvenu à déchiffrer ainsi les mots, lettre à lettre, il est bien près de savoir lire. Cela se conçoit aisément, car lorsque l'on dit : jupp.. a, eupp.. , eupp.. o, etc., (à voix basse), la voyelle est *percutée* par la consonne qui l'accompagne. En d'autres termes, on arrive à la syllabe sans epellation.

Si l'élève est très-jeune, on ne lui enseigne que le premier exercice de chaque leçon.

DEUXIÈME EXERCICE.

Synthèse ou Lecture par syllabes.

an in on un ou ai oi au eu en

Jé rô me di ra la vé ri té. Re né a fu mé sa pi pe. Lé on a bu du ca fé. Sa ra di ra sa le çon à sa mè re. Ni ni boi ra de la li-mo na de. A na to le a vi dé la ca ra fe. O vi de a é té à la ga-re. La fê te de ma mè re tom be sa me di. Bé bé a vu la pa ra de.

Lecture courante.

Caroline ira à l'école lundi. Le canari chante de bon matin. Je dévide la pelote. J'ai salué madame la supérieure. J'aime le macaroni. On jouera lundi à saute-mouton. Bébé a vu la parade.

ANATOLE, CAROLINE, MALAGA, PANAMA, JÉROME, RENÉ.

N. B. — Faites décomposer d'abord comme au premier exer.cice avant de lire couramment. Le maître lit d'abord, l'élève ensuite-

PREMIER EXERCICE.

Analyse ou Lecture des éléments phonographiques.

au eu ou ai oi en in on an
am im om um em

V a l en t in ch an t e ch a que m a t in. Z o é a v en d u un m ou t on. V é r o n i que d é v i-de s a l ai n e. R o m é o t u a une v i p è r e n oi re. P é n é-lope file vite. S a l o m on m' a r é p on d u. D o m i n i que c on d u i r a l a v oi t u r e. J' ai t a ch é m on b eau p an t a l on de n an k in. Le b ou ch on a s au t é. J e m on t e l a p en-du l e. J' ai v u m on b on a m i l un d i. J e f e r ai d u f eu. On a t on d u l e j o l i m ou t on. P a p a a v en d u son d in d on.

N. B. — Lisez rapidement lettre à lettre comme s'il y avait *euvv*..a, *eull*..en, *eutt*..in, *euch*..an, *eutt*..e, etc. L'enfant qui sait ainsi déchiffrer les mots lettre à lettre est bien près de savoir lire.

Quand on instruit de très-jeunes élèves, on ne leur enseigne que le premier exercice de chaque leçon.

DEUXIÈME EXERCICE.

Synthèse ou Lecture par syllabes.

pr fr tr cr dr gr br vr
bl pl fl cl gl sp st sc (1)

Pr o co pe a gr an di. J'ai rempl i la cr u che. La ch è vr e br ou te la ten dr e br an ch e du pl a ta ne. Gr é goi re a fr an ch i le fl eu ve. On a fr oi ssé mon on cl e. Le cl oî tr e se ra bl an ch i. Ma tan te ven dr a de la gr ai ne de tr è fl e ou de ch an vr e. L'a cr o ba te a mon té sur le tr em pl in.

Lecture courante.

Valentin a pleuré. Mon jasmin fleurira dimanche. J'ai bu de l'eau fraîche. Landry a demandé un croûton. Claude a tenté de faire de la fraude.

JEROME, HELÈNE, VICTORINE.

N. B. — On décompose comme au premier exercice avant de lire couramment. Le maître lit d'abord, l'élève ensuite.

(1) Lisez comme s'il y avait: *eu**pr**.., eu**fr**.., eu**tr**.., eu**dr**..,* etc.

PREMIER EXERCICE.

Analyse ou Lecture des éléments phonographiques.

Pamphile a vu le cardinal. Médor a voulu sortir. Frédéric aime à dormir. Octave a rencontré Albéric. Le caporal se montra brutal. Victor fera le calcul. Oscar a tué un aspic. Barnabé a vu un torcol. La chèvre rumine sur le gazon. Pacôme a mal à la bouche. Barnabé a frappé Firmin. Grégoire a été captif. Ursule a tordu la corde. Lazare a été à Jarnac. Saturnin se montra tardif.

N. B. — Lisez rapidement les éléments phonographiques comme suit : *eupp*..am.. *euph*..i.. *eull*..c..a .. *euvv*..u... *eull*..c... *eucc*..a.. *eurr*.. *eudd*..i.. *eumn*..a.. *eull*.., etc. Quand l'élève sait ainsi déchiffrer les mots, il est bien près de savoir lire.

Quand on instruit de très-jeunes élèves, on ne leur enseigne que le premier exercice de chaque leçon.

DEUXIÈME EXERCICE.

Synthèse ou Lecture par syllabes.

ac ic oc uc ec ar ir or ur er
al il ol ul el af if of uf ef

Pam ph i le a vu le c ar di n al. Mé d or a vou lu s or t ir. Fré dé r ic ai me à d or m ir. Oc ta ve a ren con tré Al bé r ic. Le ca po r al se mon tra bru t al. V ic t or fe ra le c al c ul. Os c ar a tué un as p ic. B ar na bé a vu le t or c ol. La chè vre ru mi ne s ur le ga zon. Pa cô me a m al à la bou che.

Lecture courante.

Barnabé a frappé Firmin. Grégoire a été captif. Ursule a tordu la corde. Lazare a été à Jarnac. Saturnin se montra tardif. Dominique a cassé son canif.

SAMSON, DAVID, AUGUSTIN.

N. B. — On décompose comme au premier exercice, avant de lire couramment. Le maître lit d'abord, l'élève ensuite.

PREMIER EXERCICE.

Analyse ou Lecture des éléments phonographiques.

S i m on a l u un j ou r n a l d u s oi r. On a p r ê t é l e b œu f p ou r l e l a b ou r. L e t am b ou r m a j o r a c o mm an d é. I l v a p l eu v oi r. L a p ou l e a p on d u un œu f m a r d i s oi r. J'ai un s ou p ç on s u r M a x i m i n. P au l f e r a un t ou r. V oi l à un c r a-ch oi r. J'ai v u un l yn x. L e m o qu eu r, l e t r i ch eu r, l e m en t eu r, l e f au ch eu r, l e m ou ch oi r, l e b ai gn eu r, l a l on gu eu r, l e t a ill eu r, d u z in c, d u p oi l, un f ou r, un j ou r, l e b ou c, l e j ou g, l a s oi f, u n e f l eu r, l a c ou l eu r.

N. B. — Lisez rapidement les éléments phonographiques comme suit : *euss*..i.. *eumm*..on..a.. *eull*..u.. *eull*..e.. *eujj*..ou.. *eurr*.. *eumm*..a.. *eull*.., etc. Quand l'élève sait ainsi déchiffrer les mots, il est bien près de savoir lire.

Quand on instruit de très-jeunes élèves, on ne leur enseigne que le premier exercice de chaque leçon.

DEUXIÈME EXERCICE.

Synthèse ou Lecture par syllabes.

ai oi au eu en ei an on in un

Va len tin chan te cha que ma tin. Zo é a ven du un mou ton. Vé-ro ni que dé vi de sa lai ne. Ro-mé o tu a u ne vi pè re. J'ai ta-ché mon beau pan ta lon de nan-kin. La voi tu re rou le vi te.

Lecture courante.

Le bouchon a sauté. Je monte la pen-dule. J'ai vu mon bon ami lundi. Je ferai du feu. On a tondu le joli mou-ton. Papa a vendu son beau dindon. Suzon m'a entendu. Régale-toi.

PALAMÈDE, ROME, BABYLONE, SURATE, BAHAMA, CUBA.

N. B. — Faites décomposer d'abord comme au premier exercice avant de lire couramment. Le maître lit d'abord, l'élève ensuite.

PREMIER EXERCICE.

Analyse ou Lecture des éléments phonographiques.

ou eu au ai in en un on an ei
am im om um eau ain

La poule a pondu. Paulin a un beau bambou. Ninon a vidé le carafon. La tempête a retenti au loin. On a coupé le foin. Emile a goûté du jambon. Simon a pompé. Le bambin tomba. J'irai à la parade. J'ai lu un bouquin. J'ai vu la baleine. J'ai foi en toi, mon bon ami. Valère a inventé un nouveau couteau. Pauline a de la peine. Loulou boîte.

N. B. — Lisez rapidement les éléments phonographiques comme s'il y avait : *eull..a.., eupp..ou..,eull..e, cupp..on., cuell..u.,* etc. L'enfant qui sait ainsi déchiffrer les mots est bien près de savoir lire.

Quand on instruit de très-jeunes élèves, on ne leur enseigne que le premier exercice de chaque leçon.

DEUXIÈME EXERCICE.

Synthèse ou Lecture par syllabes.

en au eu ei ou oi un in on an
ch gn ill gu qu ph

La pou le a pon du. Pau lin a un beau bam bou. Na non a vi dé le ca ra fon. La tem pê te a re ten ti au loin. On a cou pé le foin. E mi le a goû té du jam bon. Si mon a pom- pé de l'eau. Le bam bin tom ba.

Lecture courante.

J'ai vu la baleine. J'ai lu un bouquin. J'ai foi en toi mon bon ami. Valentin a inventé un nouveau couteau. Pauline a de la peine. Anatole se coupa une veine. Loulou a rompu sa chaîne.

AI EN IN OU AU OI AN
EU ON UN EI YN

N. B. — Faites décomposer d'abord comme au premier exercice, avant de lire couramment. Le maître lit d'abord, l'élève ensuite.

PREMIER EXERCICE.

Analyse ou Lecture des éléments phonographiques

in on eu im ai oi en ei ou au an
ph gn ill ch g^u qu

On m'a défendu de rire au salon. Zoé a lavé le châle de Madeleine. Le capitaine se fâcha. J'ai du guignon. Séverin a fixé la taxe. On a enseveli la défunte. On a rogné le volume. Jérôme se luxa la jambe. Rémy a avoué sa faute. J'ai piqué ma main gauche. J'ai bu du bouillon. On a empaillé le beau lion. Laure a fendu la bûche. J'irai au séminaire.

N. B. — Lisez rapidement les éléments phonographiques de cette manière : On eu*mm*..a.. *cudd*..é.. *euff*..en.. *eudd*..u.., etc. Quand l'enfant sait ainsi déchiffrer les mots rapidement, il est bien près de savoir lire.

Les lettres doubles (tt, ff, ll, mm), se lisent comme les lettres simples.

Quand on instruit de très-jeunes élèves, on ne leur enseigne que le premier exercice de chaque leçon.

DEUXIÈME EXERCICE.

Synthèse ou Lecture par syllabes.

oi ai eu au ou an un ei on en yn

On m'a dé fen du de ri re au sa lon. Zo é a la vé le châ le de Ma de lei ne. Le ca pi tai ne se fâ-cha. J'ai du gui gnon. Sé ve rin a fi xé sa tâ che à cha cun. On a en se ve li la dé funte. On a ro-gné le beau vo lu me. Jé rô me se lu xa la jam be gau che lun di.

Lecture courante.

Rémy a avoué sa faute. J'ai piqué ma main gauche. J'ai bu du bouillon. On a empaillé le beau lion. Laure a fendu la bûche. J'irai au séminaire. J'aime la pêche à la ligne.

ON AI OU OI AU EU EN UN AN EI IN

N. B. — Faites décomposer d'abord comme au premier exercice avant de lire couramment. Le maître lit d'abord, l'élève ensuite.

PREMIER EXERCICE.

Analyse ou Lecture des éléments phonographiques.

in ou ai oi eu en au an
gn ch ill g^u ph q^u

A d è l e a é ch au d é. M a t an t e me gr on d a. J'ai v u t a s i gn a t u r e. L' é l è v e p o l i s e r a r é c om p en s é. S é r a ph i n e a un b eau f i ch u. P au lin a v u l e r oi ou l a r ei n e. J é r ô m e s e s au v a. Z o é s e p ei gn e ch a qu e ma t in. M a d e l ei n e s e m ou ch e. L é on a p ê ch é un b eau s au m on J'ai t e n u m a p a r o l e. L a s e m ai n e f i n i r a d im an ch e. J'ai l ou é u n e v oi t u r e n eu ve.

N. B. — Lisez rapidement les éléments phonographiques comme suit : A.. *eudd*..è.. *eull*..e. a..é..*euch*..au.. *eucd* .e, etc. Quand l'enfant sait ainsi déchiffrer les mots rapidement, il est bien près de savoir lire.

Quand on instruit de très-jeunes élèves, on ne leur enseigne que le premier exercice de chaque leçon.

DEUXIÈME EXERCICE.

Synthèse ou Lecture par syllabes.

in oi ou on ei eu en au an ai un yn
am im om um em

A dè le a é chau dé. Le dé mon le ten ta. J'ai vu ta si gna tu re. L'é lè ve po li se ra ré com pen sé. Sé ra phi ne a un beau fi chu. Paulin a vu le roi ou la rei ne. Jé rôme se sau va. Zo é se pei gne chaque ma tin. Ma de lei ne se mou che.

Lecture courante.

Léon a pêché un beau saumon. J'ai tenu ma parole. La semaine finira dimanche. J'ai loué une voiture neuve. J'ai bu du poiré à Rouen. Je touche du piano. Qui a bu boira. Couche-toi.

CH GN ILL GU QU PH
VALÈRE, SARDANAPALE, MARIA

N. B. — On décompose comme au premier exercice avant de lire couramment. Le maître lit d'abord, l'élève ensuite.

PREMIER EXERCICE.

Analyse ou Lecture des éléments phonographiques.

eu ai oi un ei en au on

On a déjeuné à la campagne. René a déchiré son manteau. Paulin a coupé la poire. Siméon demeura coi. On t'a démenti. Antonin a ramassé une châtaigne. Antoine a suivi le convoi. Samson a consenti. Romain enseigne le latin. Maximin m'a indiqué le chemin. J'ai étudié la peinture. Olympe m'a vaincu au piano. Mignon a dépensé un écu. J'ai touché ma rente lundi. J'ai déjeuné.

N. B. Faites lire rapidement les éléments phonographiques comme suit : On.. a.. *eu*dd..é.. *eu*jj..eu.. *eu*nn..é à *eu*ll..a . *eu*cc (dur)..am *eu*pp..a. *eu*gn..c, etc. Quand l'enfant sait ainsi déchiffrer les mots rapidement, il est bien près de savoir lire.

Quand on instruit de très-jeunes élèves, on ne leur enseigne que le premier exercice de chaque leçon.

DEUXIÈME EXERCICE.

Synthèse ou Lecture par syllabes.

ch   ph   ill   gu   gn   ill   qu

On a dé jeu né à la cam pa gne. Re né a dé chi ré son man teau. Pau-lin a cou pé la poi re. Si mé on de-meu ra coi. On t'a dé men ti. An to-ni a ra ma ssé u ne châ tai gne mû re. Antoi ne a sui vi le con voi. Sam son a con sen ti. Ro main en sei gne le la tin. Ma xi min m'a in di qué le che min. Mi gnon a dé pen sé un é cu.

Lecture courante.

J'ai étudié la peinture. Olympe m'a vaincu au piano. Mignon a dépensé un écu. J'ai touché ma rente lundi. J'ai souhaité la fête à ton père. Chérubin a chiné. Roméo a loué une boutique.

PH GN CH ILL GU QU
MONACO, HÉRODE, DOLE, SÉMUR

N. B. — On décompose comme au premier exercice avant de lire couramment. Le maître lit d'abord, l'élève ensuite.

PREMIER EXERCICE.

Analyse ou Lecture des éléments phonographiques.

ou ai oi eu an in en un ei
b p d g c ç

Prête-moi ton couteau. Prépare ta leçon. On a semé du blé. J'ai flétri sa conduite coupable. Claudin sera blâmé. On a crépi la façade. Frontin a été grondé. Crépin a frotté la chambre. J'ai planté un chèvrefeuille. Justine plumera la poule. Justin a franchi le grade de capitaine. Zéphirin broncha. Gaétan a brandi son sabre. Dominique a bravé la mitraille. Simon a enlevé un drapeau. Honoré pleure.

N. B. — Quand on instruit de très-jeunes élèves, on ne leur enseigne que le premier exercice de chaque leçon.

DEUXIÈME EXERCICE.

Synthèse ou Lecture par syllabes.

Prê te-moi ton cou teau. Pré pa re ta le çon. On a se mé du blé. J'ai flé tri sa con dui te cou pa ble. Claudin se ra blâ mé. On a cré pi la fa ça de. Fron tin a é té gron dé. Cré pin a fro tté la cham bre. J'ai plan té un chè vre feu ille. Jus ti ne a plu mé la pou le. Clé men ti ne a grim pé à la ba lus tra de.

Lecture courante.

Justin a franchi le grade de capitaine. Zéphirin broncha. Léon a brandi son sabre. Dominique a bravé la mitraille. Simon a enlevé un drapeau. Augustin chante juste. Clémentine a grimpé à la balustrade. On a déchiffré la charade. J'ai planté un chèvrefeuille. L'acrobate a monté sur le tremplin.

N. B. — On décompose comme au premier exercice avant de lire couramment. Le maître lit d'abord, l'élève ensuite.

PREMIER EXERCICE.

Analyse ou Lecture des éléments phonographiques.

C l a r a a g r a n d i. V a l e n-
t i n a b r a n d i s o n s a b r e. J'ai
r e m p l i l a c r u ch e. L a ch è-
v r e b r o u t e l a t e n d r e b r a n-
ch e d u p l a t a n e. G r é g o i r e
a f r a n ch i l e f l eu v e. On a
f r o i ss é m on on c l e. L e c l oî-
t r e s e r a b l an ch i. M a t a n t e
v e n d r a d e l a g r a i n e d e
ch an v r e. L'a c r o b a t e a m on t é
s u r l e t r em p l i n. V a l e n t i n
a p l e u r é. M on j a s m i n f l eu-
r i r a d i m an ch e. J'ai b u d e
l' eau f r aî ch e. L an d r y a d e-
m an d é un c r oû t on. C l au d i n
a t e n t é d e f a i r e d e l a
f r au d e. N i n i l i r a v i t e.

N. B. — Lisez rapidement les éléments phonographiques comme suit : *eucc . eull..a.., eurr..a.., eugg.. curr..an.., eudd..i.,* etc. Quand l'élève sait ainsi déchiffrer les mots rapidement, il est bien près de savoir lire.

Quand on instruit de très-jeunes élèves, on ne leur enseigne que le premier exercice de chaque leçon.

DEUXIÈME EXERCICE.

Synthèse ou Lecture par syllabes.

eu r   ou r   ai r   oi r   au r   œu r
eu l   ou l   oi l   au l   in c   œu f

L e mo qu eur, le tri ch eur, un t our n eur, le fau ch eur, le mouch oir, le tam b our, le s oir, j our cl air, le b œuf n oir, un s oup çon, P aul, d onc, un l ynx, un mouch oir n euf, la ch air, le j oug, la s oif, du z inc, l e c œur pur, un œuf dur, du p oil, un f our.

Lecture courante.

Simon a lu un journal du soir. On a prêté le bœuf pour le labour. Le tambour a été reçu à la cour. Je pense qu'il va pleuvoir. J'ai vu un lynx.

N. B. — On décompose comme au premier exercice, avant de lire couramment. Le maître lit d'abord, l'élève ensuite.

REMARQUE. — C'est un grand tort de faire passer les élèves à la lecture courante avant qu'ils possèdent parfaitement les principes. Un grand nombre de commençants sont victimes de cette précipitation, si bien qu'il en est plusieurs qui quittent l'école avant d'avoir appris à lire. Avant de passer plus loin, faites donc lire et relire les leçons précédentes jusqu'à ce que les élèves les connaissent imperturbablement. Alors ils surmonteront promptement les difficultés nouvelles.

Difficultés de la Lecture ou Anomalies phonographiques.

Remarque. — C'est surtout par la pratique que les élèves se familiarisent le plus facilement avec les difficultés de la lecture ou anomalies phonographiques. L'étude de ces difficultés est plutôt du domaine de l'orthographe et de la grammaire que du ressort d'un Abécédaire. Vouloir les enseigner systématiquement aux commençants, c'est compromettre les progrès et jeter la confusion dans l'esprit des élèves, en leur faisant perdre de vue les principes proprement dits. Voilà pourquoi je ne présente ici que les plus fréquentes, pour ne pas retarder le passage des commençants à la lecture courante.

Monosyllabes.

N. B. — *Chose remarquable, la plupart des difficultés de la lecture se rencontrent dans les monosyllabes ci-après :*

Mes, tes, ses, des, les, tu es, il est. Un pied de nez, chez moi et chez lui, riez, liez, priez, du thé. Se fier, se lier, nier, tuer. Un rat, des chats, les plats. Un nez laid, du lait, un fait, un jet, un prêt, la·paix. Tu nies, tu cries, il dit, dix prix, six nids, un cric. Un gros os, un pot, la chaux, des aulx, le rôt, les flots, un croc, les brocs. J'eus, tu eus, il eut, du jus, il fut, il dut, les nues. Un bec, le sec, un ver, du fer, bel, tel, le nerf, le serf. Un banc, du sang, le rang, je vends, le sens, le temps. Je joue, tu loues, il coud, un loup, le houx, la roue. Le teint, il feint, il peint, la faim, le Rhin, les reins, du thym. La joie, la croix, le foie, un toît, les voies. Les jeux, il peut, un creux, des bœufs. Un jonc, le bond, je fonds, les plombs. La terre, un verre, la messe, la presse, une selle, telle.

N. B. — Faites relire plusieurs fois cet exercice.

Observations.

1° On trouve se, sé, si, sin, etc., par ce, cé, ci, cin, etc. : Ceci, cela, Cécile, larcin, cédé, céne, cet, ces, c'est, cinq cents, sans cesse, le ciel, les cieux.

2° On trouve je, jé, ji, ja, jo, jin, jon, etc., par ge, gé, gi, gea, geo, gin, gean, geon : Juge, léger, régie, logis, il jugea, la rougeole, le gingembre, nous mangeons.

3° On trouve ze, za, zi, zo, zon, etc., par sa, si, sé, so, san, sin, etc. : Magasin, rose, maison, raisin, posa, usé, poison.

Bizarreries phonographiques.

Nous portions nos portions. Les poules du couvent couvent souvent. Mes fils, coupez ces fils. Le vent est à l'est. Peut-on se fier à cet homme fier ? Nous éditions de belles éditions. Nous notions avec soin ces notions. Je suis content qu'ils content cette histoire. Ces dames se parent de fleurs pour leur parent. Nos intentions sont que nous intentions ce procès. Ces cuisiniers excellent à faire ce mets excellent. Nous exceptions ces exceptions. Je vis qu'il avait mis des vis. Il y a neuf boutons sur ce gilet neuf. Cet homme violent et ses amis violent tous les principes.

N. B. — Faites relire plusieurs fois cet exercice.

Premiers Exercices de Lecture courante.

Première Lecture.

LA PRIÈRE MONOSYLLABIQUE.

Mon Dieu ! c'est toi qui as fait tout ce que je vois : les cieux, les champs, les monts, les bois. les prés, les fleurs, les fruits ;

Tout ce qui se meut sous mes yeux, en haut, en bas, près ou loin de moi ; tout ce qui vit dans les airs, dans les eaux ou sur le sol.

Tu as tout fait de rien ; tu as dit : « Je le veux, et c'est tout. »

Tu m'as fait ce que je suis ; c'est de toi que je tiens tout : la vue, l'ouïe ; tous les sens, en un mot, la vie.

Tu prends soin de moi ; mon pain de tous les jours est un don de tes mains. Oui, tout ce que j'ai vient de toi, de toi seul. Que tu es bon !

Tu m'as dit : Suis ma loi, fais le bien, fuis le mal ; ne mens point, ne fais tort à qui que ce soit ; sois bon fils ; ne prends point en vain mon saint nom ; ce que tu veux qu'on soit pour toi, sois-le pour tous ; bien plus, rends le bien pour le mal.

Mais, je ne puis rien sans toi, Grand Dieu ! Il faut donc que je te prie tous les jours pour que je sois tel que tu le veux ; car tu vois tout, tu sais tout, tu peux tout ; tu vois clair dans le fond de tous les cœurs. Je suis à toi à la vie, à la mort !

N. B. — Le maître lit d'abord un alinéa, puis les élèves à tour de rôle.

Deuxième Lecture.

LE LOUP ET LE CHIEN.

Un chien vit un jour un loup dans un champ. — « Où vas-tu, lui dit-il? — Je vais au bois, dit le loup. — Viens-tu au bourg? — Non, je ne puis. — Que crains-tu donc? — Je crains tous ceux que je vois dans ce pays. — Quoi! tu as peur? — Mais oui, car on me hait : nul ne me veut de bien. — Qu'as-tu donc fait? — — Rien du tout. — Quoi? rien, se peut-il donc? Tu mens, je crains? — Ah? vois-tu, on dit que je fais plus de mal que de bien. »

Oui, cria-t-on au loin, le loup est fort mal vu, car il n'est bon à rien, car il n'a ni foi ni loi. Il a tous les torts. S'il craint tant qu'on le voie, c'est que l'on craint non moins de le voir. Tant pis pour lui.

Qui fait le mal est craint, il est vrai; mais il craint non moins à son tour.

L'ŒIL QUI VOIT TOUT.

Jean dit à Paul : « Viens-tu? — Où donc? — Chez moi..., mon cher, il n'y a que moi; je sais où sont les fruits. Il y en a un tas. Ils sont bien mûrs, bien beaux et si bons! — Quoi! tu en as donc pris? — Mais oui, cinq ou six. Ah! quel goût, quel jus! — C'est bien mal de ta part. — Tu crois? — Si on le sait!..... — Je ne crains rien, nul ne m'a vu; je ne suis pas si sot que tu le crois. — Je ne dis pas que tu sois sot, mais... — Eh bien?... — Ne sais-tu donc pas qu'il y a là-haut un œil qui voit tout. Crois-moi, ne fais plus de ces tours, car Dieu te voit! — C'est vrai! j'ai eu tort. Et puis, j'ai tout ce qu'il me faut. — Ta main, cher Jean, ce que tu dis là est bien. »

Troisième Lecture.

MARC ET SON FILS JACK.

Jack, fils de Marc, est bon, doux et franc; mais le jeu lui plaît trop : il y perd tout son temps. Il ne lit point, il a donc grand tort.

Marc lui dit un jour : « Qui ne sait rien, mon fils, n'est bon à rien. » Ce mot fut droit au cœur de Jack, qui se dit à part lui : « Ce bon Marc se fait vieux ; le jour vient où il faut que j'aie soin de lui, car il a eu soin de moi. »

En peu de temps, il lut si bien, et Marc en eut tant de joie, que, dès lors, Jack a pris de tous les gens du bourg où il vit, le beau nom de bon fils. — Je veux que ce nom soit un jour le mien.

LE RAT ET LE CHAT.

Du fond de son trou, le rat dit un jour au chat : « Tu fais du mal à tous les miens; t'en ont-ils fait à toi? Nuit et jour tu cours, pour qu'un de nous soit ta proie ; il vaut bien mieux, crois-moi, que la paix soit en ces lieux.

— Bien, fort bien, dit le chat, ce que tu dis là me plaît; ces mots sont pleins de bon sens, ils me vont droit au cœur. Vois des pleurs dans mes yeux. Sors de ton trou. Ne crains rien; je ne veux plus de mal ni à toi ni aux tiens. »

A ces mots, le rat, sans peur, se rend près du chat; mais d'un seul bond, le chat le prend et n'en fait qu'un coup de dent.

Quatrième Lecture.

MOTS USUELS.

Sais-tu bien, mon cher, je sais lire! Oui, je lis tous les mots, je lis tout ce que je veux. Tiens, veux-tu voir?

Le corps, le cou, le front, le pied, le nez, la voix, l'ouïe, le goût, la joue, l'œil, les yeux, la main.

Hein, ce n'est pas mal, dis!

De mieux en mieux : le cœur, le dos, les os, les reins, le doigt, le poing, les bras, un chien, un chat, un loup, un lion, un coq, un veau, un bœuf, des bœufs, un œuf, des œufs.

Un bouc, un porc, un daim, un cerf, le serf, une oie, le jars, une pie au nid.

Un thon, du thé, la raie, un ver à soie.

Des gants, un jonc, du fil, mon fils, du bois, du riz, des fruits, du pain, du vin, du blé, du grain, du lin, du maïs, un mets, un maçon de Mâcon.

Un toit, le mur, la cour, le four, le bourg. — Le chaud, le froid, le gaz, le sang, le lait. — Un clou, la clef, un trou, un vœu, une croix. — Un, deux, trois, quatre, cinq, six, sept, huit, neuf, dix, cent, mille, un million, un milliard.

A ton tour! il faut que je voie si tu lis mieux que moi.

N. B. — On fera relire plusieurs fois les quatre leçons précédentes qui renferment la plupart des difficultés usuelles de la lecture, difficultés que les élèves surmontent facilement par la pratique, pourvu que le maître les signale et les explique au fur et à mesure qu'elles se présentent.

Ecriture manuscrite.

a b c d e f g h i j k l m
a b c d e f g h i j k l m
n o p q r s t u v x y z ç
n o p q r s t u v x y z ç

A B C D E F G H I
A B C D E F G H I
J K L M N O P Q
J K L M N O P Q
R S T U V X Y Z
R S T U V X Y Z

Maria, Anatole, Valère,
Jérôme, Roméo, Joséphine,
Lundi, Mardi, Mercredi,
Jeudi, Vendredi, Samedi,
Dimanche

an in on un ou ai eu oi ei en au yn
cau ocu ain am im om um em aim
ch gn ill gu qu ph

www.ingramcontent.com/pod-product-compliance
Lightning Source LLC
Chambersburg PA
CBHW061016050426
42453CB00009B/1463